Published by Angelis Publications
ISBN: 978-1-912484-00-3
www.angelispublications.com
Cover Design: Angie J Anderson
© Angelis Publications 2017
All rights reserved

Baby photo

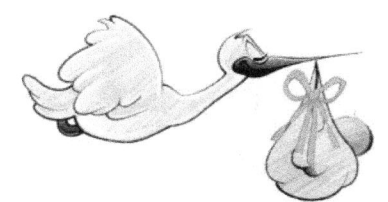

Welcome little one!

....

DUE/BORN ON:

....

HOSTS

....

....

....

DATE & LOCATION

....

....

Parents/Hosts photo

GUEST LIST & COMMENTS

(GIFT LOG AT THE BACK)

Sometimes,
the smallest things
take up the
most room
in your heart.

A. A. Milne

GUEST LIST & GOOD WISHES

Name

....

Advice for Parents

....

....

....

Wishes for Baby

....

....

....

Any Words of Wisdom for Baby's Future?

....

....

....

GUEST LIST & GOOD WISHES

Name

....

Advice for Parents

....
....
....

Wishes for Baby

....
....
....

Any Words of Wisdom for Baby's Future?

....
....
....

GUEST LIST & GOOD WISHES

Name

....

Advice for Parents

....

....

....

Wishes for Baby

....

....

....

Any Words of Wisdom for Baby's Future?

....

....

....

GUEST LIST & GOOD WISHES

Name

....

Advice for Parents

....

....

....

Wishes for Baby

....

....

....

Any Words of Wisdom for Baby's Future?

....

....

....

GUEST LIST & GOOD WISHES

Name

....

Advice for Parents

....

....

....

Wishes for Baby

....

....

....

Any Words of Wisdom for Baby's Future?

....

....

GUEST LIST & GOOD WISHES

Name

....

Advice for Parents

....
....
....

Wishes for Baby

....
....
....

Any Words of Wisdom for Baby's Future?

....
....
....

GUEST LIST & GOOD WISHES

Name

....

Advice for Parents

....

....

....

Wishes for Baby

....

....

....

Any Words of Wisdom for Baby's Future?

....

....

....

GUEST LIST & GOOD WISHES

Name

....

Advice for Parents

....
....
....

Wishes for Baby

....
....
....

Any Words of Wisdom for Baby's Future?

....
....
....

GUEST LIST & GOOD WISHES

Name

....

Advice for Parents

....

....

....

Wishes for Baby

....

....

....

Any Words of Wisdom for Baby's Future?

....

....

....

GUEST LIST & GOOD WISHES

Name

....

Advice for Parents

....
....
....

Wishes for Baby

....
....
....

Any Words of Wisdom for Baby's Future?

....
....
....

GUEST LIST & GOOD WISHES

Name

....

Advice for Parents

....

....

....

Wishes for Baby

....

....

....

Any Words of Wisdom for Baby's Future?

....

....

....

GUEST LIST & GOOD WISHES

Name

....

Advice for Parents

....

....

....

Wishes for Baby

....

....

....

Any Words of Wisdom for Baby's Future?

....

....

....

GUEST LIST & GOOD WISHES

Name

....

Advice for Parents

....

....

....

Wishes for Baby

....

....

....

Any Words of Wisdom for Baby's Future?

....

....

....

GUEST LIST & GOOD WISHES

Name

....

Advice for Parents

....

....

....

Wishes for Baby

....

....

....

Any Words of Wisdom for Baby's Future?

....

....

....

GUEST LIST & GOOD WISHES

Name

....

Advice for Parents

....

....

....

Wishes for Baby

....

....

....

Any Words of Wisdom for Baby's Future?

....

....

....

GUEST LIST & GOOD WISHES

Name

....

Advice for Parents

....

....

....

Wishes for Baby

....

....

....

Any Words of Wisdom for Baby's Future?

....

....

....

GUEST LIST & GOOD WISHES

Name

....

Advice for Parents

....

....

....

Wishes for Baby

....

....

....

Any Words of Wisdom for Baby's Future?

....

....

GUEST LIST & GOOD WISHES

Name

....

Advice for Parents

....
....
....

Wishes for Baby

....
....
....

Any Words of Wisdom for Baby's Future?

....
....
....

GUEST LIST & GOOD WISHES

Name

....

Advice for Parents

....

....

....

Wishes for Baby

....

....

....

Any Words of Wisdom for Baby's Future?

....

....

....

GUEST LIST & GOOD WISHES

Name

....

Advice for Parents

....

....

....

Wishes for Baby

....

....

....

Any Words of Wisdom for Baby's Future?

....

....

....

GUEST LIST & GOOD WISHES

Name

....

Advice for Parents

....

....

....

Wishes for Baby

....

....

....

Any Words of Wisdom for Baby's Future?

....

....

....

GUEST LIST & GOOD WISHES

Name

....

Advice for Parents

....

....

....

Wishes for Baby

....

....

....

Any Words of Wisdom for Baby's Future?

....

....

....

GUEST LIST & GOOD WISHES

Name

....

Advice for Parents

....

....

....

Wishes for Baby

....

....

....

Any Words of Wisdom for Baby's Future?

....

....

....

GUEST LIST & GOOD WISHES

Name

....

Advice for Parents

....

....

....

Wishes for Baby

....

....

....

Any Words of Wisdom for Baby's Future?

....

....

....

GUEST LIST & GOOD WISHES

Name

....

Advice for Parents

....

....

....

Wishes for Baby

....

....

....

Any Words of Wisdom for Baby's Future?

....

....

....

GUEST LIST & GOOD WISHES

Name

....

Advice for Parents

....
....
....

Wishes for Baby

....
....
....

Any Words of Wisdom for Baby's Future?

....
....
....

GUEST LIST & GOOD WISHES

Name

....

Advice for Parents

....

....

....

Wishes for Baby

....

....

....

Any Words of Wisdom for Baby's Future?

....

....

....

GUEST LIST & GOOD WISHES

Name

....

Advice for Parents

....

....

....

Wishes for Baby

....

....

....

Any Words of Wisdom for Baby's Future?

....

....

....

GUEST LIST & GOOD WISHES

Name

....

Advice for Parents

....

....

....

Wishes for Baby

....

....

....

Any Words of Wisdom for Baby's Future?

....

....

....

GUEST LIST & GOOD WISHES

Name

....

Advice for Parents

....

....

....

Wishes for Baby

....

....

....

Any Words of Wisdom for Baby's Future?

....

....

....

GUEST LIST & GOOD WISHES

Name

....

Advice for Parents

....

....

....

Wishes for Baby

....

....

....

Any Words of Wisdom for Baby's Future?

....

....

....

GUEST LIST & GOOD WISHES

Name

....

Advice for Parents

....

....

....

Wishes for Baby

....

....

....

Any Words of Wisdom for Baby's Future?

....

....

....

GUEST LIST & GOOD WISHES

Name

....

Advice for Parents

....

....

....

Wishes for Baby

....

....

....

Any Words of Wisdom for Baby's Future?

....

....

....

GUEST LIST & GOOD WISHES

Name

....

Advice for Parents

....

....

....

Wishes for Baby

....

....

....

Any Words of Wisdom for Baby's Future?

....

....

....

GUEST LIST & GOOD WISHES

Name

....

Advice for Parents

....

....

....

Wishes for Baby

....

....

....

Any Words of Wisdom for Baby's Future?

....

....

....

GUEST LIST & GOOD WISHES

Name

....

Advice for Parents

....
....
....

Wishes for Baby

....
....
....

Any Words of Wisdom for Baby's Future?

....
....
....

GUEST LIST & GOOD WISHES

Name

....

Advice for Parents

....

....

....

Wishes for Baby

....

....

....

Any Words of Wisdom for Baby's Future?

....

....

....

GUEST LIST & GOOD WISHES

Name

....

Advice for Parents

....

....

....

Wishes for Baby

....

....

....

Any Words of Wisdom for Baby's Future?

....

....

....

GUEST LIST & GOOD WISHES

Name

....

Advice for Parents

....

....

....

Wishes for Baby

....

....

....

Any Words of Wisdom for Baby's Future?

....

....

....

GUEST LIST & GOOD WISHES

Name

....

Advice for Parents

....

....

....

Wishes for Baby

....

....

....

Any Words of Wisdom for Baby's Future?

....

....

....

GUEST LIST & GOOD WISHES

Name

....

Advice for Parents

....
....
....

Wishes for Baby

....
....
....

Any Words of Wisdom for Baby's Future?

....

....

GUEST LIST & GOOD WISHES

Name

....

Advice for Parents

....

....

....

Wishes for Baby

....

....

....

Any Words of Wisdom for Baby's Future?

....

....

....

GUEST LIST & GOOD WISHES

Name

....

Advice for Parents

....

....

....

Wishes for Baby

....

....

....

Any Words of Wisdom for Baby's Future?

....

....

....

GUEST LIST & GOOD WISHES

Name

....

Advice for Parents

....

....

....

Wishes for Baby

....

....

....

Any Words of Wisdom for Baby's Future?

....

....

....

GUEST LIST & GOOD WISHES

Name

....

Advice for Parents

....

....

....

Wishes for Baby

....

....

....

Any Words of Wisdom for Baby's Future?

....

....

....

GUEST LIST & GOOD WISHES

Name

....

Advice for Parents

....
....
....

Wishes for Baby

....
....
....

Any Words of Wisdom for Baby's Future?

....
....
....

GUEST LIST & GOOD WISHES

Name

....

Advice for Parents

....

....

....

Wishes for Baby

....

....

....

Any Words of Wisdom for Baby's Future?

....

....

....

GUEST LIST & GOOD WISHES

Name

....

Advice for Parents

....

....

....

Wishes for Baby

....

....

....

Any Words of Wisdom for Baby's Future?

....

....

....

GUEST LIST & GOOD WISHES

Name

....

Advice for Parents

....
....
....

Wishes for Baby

....
....
....

Any Words of Wisdom for Baby's Future?

....
....
....

GUEST LIST & GOOD WISHES

Name

....

Advice for Parents

....

....

....

Wishes for Baby

....

....

....

Any Words of Wisdom for Baby's Future?

....

....

....

GUEST LIST & GOOD WISHES

Name

....

Advice for Parents

....

....

....

Wishes for Baby

....

....

....

Any Words of Wisdom for Baby's Future?

....

....

....

GUEST LIST & GOOD WISHES

Name

....

Advice for Parents

....

....

....

Wishes for Baby

....

....

....

Any Words of Wisdom for Baby's Future?

....

....

....

GUEST LIST & GOOD WISHES

Name

....

Advice for Parents

....

....

....

Wishes for Baby

....

....

....

Any Words of Wisdom for Baby's Future?

....

....

....

GUEST LIST & GOOD WISHES

Name

....

Advice for Parents

....

....

....

Wishes for Baby

....

....

....

Any Words of Wisdom for Baby's Future?

....

....

....

GUEST LIST & GOOD WISHES

Name

....

Advice for Parents

....

....

....

Wishes for Baby

....

....

....

Any Words of Wisdom for Baby's Future?

....

....

....

GUEST LIST & GOOD WISHES

Name

....

Advice for Parents

....

....

....

Wishes for Baby

....

....

....

Any Words of Wisdom for Baby's Future?

....

....

....

GUEST LIST & GOOD WISHES

Name

....

Advice for Parents

....

....

....

Wishes for Baby

....

....

....

Any Words of Wisdom for Baby's Future?

....

....

....

GUEST LIST & GOOD WISHES

Name

....

Advice for Parents

....
....
....

Wishes for Baby

....
....
....

Any Words of Wisdom for Baby's Future?

....
....
....

GUEST LIST & GOOD WISHES

Name

....

Advice for Parents

....

....

....

Wishes for Baby

....

....

....

Any Words of Wisdom for Baby's Future?

....

....

GUEST LIST & GOOD WISHES

Name

....

Advice for Parents

....

....

....

Wishes for Baby

....

....

....

Any Words of Wisdom for Baby's Future?

....

....

....

GUEST LIST & GOOD WISHES

Name

....

Advice for Parents

....

....

....

Wishes for Baby

....

....

....

Any Words of Wisdom for Baby's Future?

....

....

GUEST LIST & GOOD WISHES

Name

....

Advice for Parents

....
....
....

Wishes for Baby

....
....
....

Any Words of Wisdom for Baby's Future?

....
....
....

GUEST LIST & GOOD WISHES

Name

....

Advice for Parents

....

....

....

Wishes for Baby

....

....

....

Any Words of Wisdom for Baby's Future?

....

....

....

GUEST LIST & GOOD WISHES

Name

....

Advice for Parents

....

....

....

Wishes for Baby

....

....

....

Any Words of Wisdom for Baby's Future?

....

....

....

GUEST LIST & GOOD WISHES

Name

....

Advice for Parents

....

....

....

Wishes for Baby

....

....

....

Any Words of Wisdom for Baby's Future?

....

....

GUEST LIST & GOOD WISHES

Name

....

Advice for Parents

....

....

....

Wishes for Baby

....

....

....

Any Words of Wisdom for Baby's Future?

....

....

....

GUEST LIST & GOOD WISHES

Name

....

Advice for Parents

....

....

....

Wishes for Baby

....

....

....

Any Words of Wisdom for Baby's Future?

....

....

....

GUEST LIST & GOOD WISHES

Name

....

Advice for Parents

....
....
....

Wishes for Baby

....
....
....

Any Words of Wisdom for Baby's Future?

....
....
....

GIFT LOG

Name/email/phone	Gifts
....	....

GIFT LOG

Name/email/phone   Gifts

GIFT LOG

Name/email/phone   Gifts

....
....
....
....
....
....
....
....
....
....
....
....
....
....
....
....
....

GIFT LOG

Name/email/phone   Gifts

....
....
....
....
....
....
....
....
....
....
....
....
....
....
....
....
....

www.ingramcontent.com/pod-product-compliance
Lightning Source LLC
Chambersburg PA
CBHW060458240426
43661CB00006B/845